MARINE IMPÉRIALE.

Port de Brest.

CONSIGNE GÉNÉRALE

SUR

L'INCENDIE

BREST.

Imprimerie ROGER Père, rue Saint-Yves, 32.

1867

CONSIGNE GÉNÉRALE

SUR

L'INCENDIE.

SERVICE PRÉVENTIF CONTRE L'INCENDIE.

Règles Générales.

ARTICLE 1er.

Le Major Général, chargé par les Ordonnances de la sûreté du Port et de ses annexes, donne, avec l'approbation du Préfet Maritime, les ordres généraux et les consignes générales nécessaires pour prévenir l'incendie et pour l'empêcher de se propager s'il a éclaté.

ARTICLE 2.

Le Directeur des Mouvements du Port, ayant dans ses attributions les service des Pompiers, est spécialement chargé des mesures préventives contre l'incendie, et de veiller à l'exécution, par chacun, des règles établies à cet égard.

Il dispose, à cet effet, non-seulement de la Compagnie de

Pompiers placée sous son autorité, mais aussi du matériel de Pompes, d'Echelles et autres accessoires relatifs à ce service et répartis dans des dépôts à terre, à bord des bâtiments armés ou désarmés, dans des postes flottants, et enfin dans tout l'Arsenal et ses dépendances.

Il fait les consignes et les règlements d'intérieur concernant l'entretien du Matériel, la discipline ou le service des Pompiers et particulièrement des Pompiers garde-feux.

Ces consignes et règlements, après avoir été soumis aux observations du Major Général, sont arrêtés et rendus exécutoires par l'approbation du Préfet Maritime.

Article 3.

Les différents services de la Marine doivent concourir à préserver l'Arsenal et ses annexes des dangers du feu par tous les moyens dont ils disposent, et, si la première responsabilité appartient au Major Général pour toutes les mesures à prendre contre ces dangers, les Chefs de tous les Services, les Chefs de Détails, de Bureaux, d'Ateliers, ainsi que les Officiers, Employés, Comptables et Agents de tous les grades et de tous les corps, sont responsables, chacun en ce qui le concerne, de l'inexécution des règles établies ou des ordres donnés, et du défaut de surveillance ou de la négligence de leurs subordonnés.

Feux autorisés.

Article 4.

Un tableau général, arrêté par le Préfet Maritime, fait connaître tous les feux qui peuvent être allumés d'une manière permanente ou à des époques déterminées, pour les travaux, le chauffage et l'éclairage dans le Port de Brest et dans les établissements de la Marine hors du Port.

Article 5.

Aucun feu ne peut être ajouté à ce tableau sans une autorisation écrite du Préfet, communiquée au Major Général. Avant de se servir de feux nouvellement autorisés, ou lorsqu'il n'est plus nécessaire d'allumer un feu porté au tableau, le Chef du service intéressé le fait connaître par écrit au Major Général; ces renseignements servent à la Majorité pour tenir à jour le tableau d'après lequel sa surveillance journalière est exercée.

Feux accidentels.

Article 6.

Au Major Général appartient le droit d'accorder la permission d'allumer des feux non compris dans le tableau général et qui seraient nécessaires au service de la journée ou de la nuit, tant à terre qu'à bord des bâtiments de l'Etat, dans quelque position qu'ils soient.

En cas de travaux urgents, les Directeurs et Chefs de service sont autorisés à se servir de feux accidentels, après avoir prévenu la Direction des Mouvements du Port pour les moyens de surveillance à employer; cette dernière Direction en avise immédiatement le Major Général.

Article 7.

Les feux nécessaires aux bâtiments de Commerce français et étrangers dans le Port, sont également accordés par le Major Général, mais pendant le jour seulement. Ces bâtiments sont autorisés à faire la cuisine à la coquerie de l'Arsenal.

Surveillance des Feux.

ARTICLE 8.

La surveillance des feux est exercée par le service qui les a demandés et par les Pompiers de la Marine.

ARTICLE 9.

A cet effet, les demandes écrites de feux, après avoir été approuvées par la Majorité Générale, ou, en cas d'urgence, communiquées à la Direction des Mouvements du Port, restent à cette Direction, qui fait délivrer dans un fanal la lumière nécessaire, et la fait accompagner et surveiller par un Pompier garde-feu.

ARTICLE 10.

Après la cessation des travaux, à midi ou le soir, les Gardiens à bord des bâtiments désarmés, et les Officiers ou Chefs de garde ou de service à bord des autres navires, doivent s'assurer par eux-mêmes, en visitant les lieux où l'on aurait travaillé, que toute lumière est éteinte.

Lumières accordées pendant la nuit.

ARTICLE 11.

Sur la demande écrite des Capitaines de bâtiments de l'Etat ayant une partie de leur équipage couchant à bord, le Major Général peut les autoriser à conserver, pendant la nuit et pendant tout le séjour de ces bâtiments dans le Port, les lumières nécessaires pour prévenir les accidents et maintenir le bon ordre.

ARTICLE 12.

Ces lumières, dont le nombre toujours restreint et la

position sont déterminés par la même Autorité, doivent être renfermées dans des fanaux garnis de grillages et d'un cadenas, dont la clef reste entre les mains de l'Officier ou Chef de garde à bord, lequel devient responsable de l'usage qui en serait fait.

ARTICLE 13.

Allumées une demi-heure avant le coup de canon de retraite par un Pompier demandé à la Direction des Mouvements du Port, elles sont éteintes au coup de canon de diane. Une Sentinelle prise dans la garde du bord surveille chacune d'elles.

ARTICLE 14.

Chaque soir, avant d'envoyer demander le garde-feu allumeur, l'Officier ou Chef de garde doit s'assurer que ses pompes à incendie sont en bon état, prêtes à fonctionner, qu'un bateau-pompe est amarré le long du bord, et que les bailles et seaux sont remplis d'eau. Il fait placer deux seaux pleins à côté de chaque fanal.

ARTICLE 15.

Aucun fanal ne doit être déplacé, pendant la nuit, que dans des cas urgents et en présence de l'Officier ou Chef de service à bord, qui aurait à rendre compte, le lendemain, des motifs de ce déplacement.

ARTICLE 16.

Aucune autre lumière ne doit être allumée à bord de ces bâtiments, même dans les chambres de Commandants ou d'Officiers. Les Officiers de service s'assurent, pendant leurs rondes, que cette défense n'est pas enfreinte.

ARTICLE. 17.

Si un bâtiment de guerre étranger admis dans le Port se

trouvait avoir besoin de feux ou de lumières, une décision du Préfet Maritime ferait connaître, chaque fois, les règles à observer.

Allumage et Extinction des Feux.

ARTICLE 18.

Les feux autorisés sont éteints un quart d'heure avant le moment de la sortie des ouvriers le soir, par les soins du service qui en fait usage. Certains feux de forge et de chaudronnerie, spécialement désignés au tableau général des feux, ne sont pas éteints, mais seulement couverts. L'exécution de cette mesure de précaution est constatée par les rondes d'extinction.

ARTICLE 19.

Dans chaque localité ou groupe de feux, un agent de confiance, désigné par le Chef du service compétent, doit s'assurer de l'extinction complète des feux avant la ronde des Pompiers dont il va être fait mention.

Cet agent de confiance, qui dans les ateliers doit avoir au moins le grade de Contre-Maître, reçoit, chaque matin, d'un Pompier, un marron qui reste entre ses mains pendant que les feux sont autorisés ; il le remet au Pompier chargé de l'extinction des feux dès que celui-ci s'est assuré que le feu est éteint ; le Contre-Maitre rend ensuite compte à l'Officier de sa Direction. Les agents de confiance sont désignés, à la Direction des Mouvements du Port, par un état nominatif établi pour chaque service.

Les machines à vapeur à terre et les machines flottantes qui travaillent dans l'intérieur du Port, sont soumises aux formalités des marrons. Elles peuvent faire prendre les marrons pour allumer avant la cloche, dans le cas de travaux continus et réguliers ; mais , lorsqu'il y a eu interruption, il est fait une demande par écrit, la veille, à la Direction du Port.

ARTICLE 20.

Les marrons spéciaux à chaque groupe de feux appartenant à un même service ou à un même détail , sont destinés à servir d'autorisation pour allumer les feux permanents indiqués à l'art. 4 du règlement d'incendie ; ils portent l'inscription du détail ou du service, avec le nombre de feux auxquels ils s'appliquent. Les feux à marrons sont de trois espèces distinctes :

1° Les feux permanents des jours ouvrables ;

2° Les feux susceptibles d'avoir des interruptions ;

3° Les feux des jours fériés.

Les feux permanents peuvent être allumés dès que les Pompiers ont remis les marrons aux agents de confiance.

Les feux susceptibles d'avoir des interruptions sont allumés après avis donné par écrit, par le service intéressé, à la Direction du Port qui remet le marron.

Les feux des jours fériés ne sont allumés qu'après une demande faite par écrit, la veille, à la Majorité ; la deuxième expédition est remise par le service intéressé à la Direction du Port qui donne le marron.

Tous les soirs, après la cloche, les marrons recueillis par les Pompiers sont portés par eux à leur poste central, pour être distribués chaque matin , avant la cloche , dans les ateliers , aux agents de confiance désignés dans l'article 19, ou, en leur absence, à un Contre-Maître désigné par le Chef de service ; ceux-ci ne doivent allumer les feux qu'après avoir reçu les marrons.

ARTICLE 21.

Si des travaux ordonnés exigent que des feux soient
maintenus à terre ou à bord après la ronde d'extinction, ou
bien soient allumés pendant la nuit, la demande en est faite
à la Majorité Générale, ou, en cas d'urgence, à la Direction
des Mouvements du Port, qui en donne avis à la Majorité.

ARTICLE 22.

La liste des feux ainsi autorisés pour le service de nuit,
est remise, chaque soir, à l'Officier de garde de la Direction
des Mouvements du Port, qui commande le Port pendant la
nuit. Ces feux sont surveillés par les Pompiers de ronde et
par ceux des postes voisins. Ces derniers, prévenus par le
Chef compétent, s'assurent de leur extinction dès qu'ils ne
sont plus nécessaires. Le Chef des Pompiers de service en
rend compte à l'Officier commandant le Port.

ARTICLE 23.

Il est interdit d'allumer aucun feu dans l'intérieur de l'arsenal, en dehors des conditions réglées par les marrons, sans
l'intervention d'un Pompier qui porte ce feu; pour les mines
en particulier, il faut la présence d'un de ces agents qui fait
la ronde après l'explosion. Si, dans un bureau, on a allumé
une bougie, c'est sous la responsabilité expresse du Chef de
service ou de détail, qui s'assurera de son extinction dès
qu'elle ne sera plus nécessaire.

ARTICLE 24.

Pendant les suspensions de travaux pour les repas, un
ouvrier ou un gardien, désigné par le Chef de service, veille
les feux restés allumés. Les bureaux ne sont jamais laissés
sans qu'on ait placé un cendrier devant la cheminée et
prévenu un gardien de veiller au feu.

ARTICLE 25.

Pour tous les cas qui peuvent ne pas avoir été prévus dans la consigne, notamment pour les feux accidentels la nuit, ou non réglés par des marrons, les Officiers de la Majorité et de la Direction des Mouvements, de service au Port, prennent toutes les mesures qu'ils jugent les plus propres à garantir de tout événement en se conformant aux articles de 11 à 17 de la Consigne générale d'incendie.

ARTICLE 26.

Les allumettes chimiques sont interdites dans l'Arsenal. Les allumettes au *phosphore amorphe* sont seules autorisées pour l'allumage des feux et lumières dans les bureaux, et pour le service des postes.

Rondes d'Extinction des Feux.

ARTICLE 27.

Chaque soir, qu'il ait été travaillé ou non dans le Port, une heure et un quart avant le moment de la sortie des ouvriers, autant de Pompiers qu'il a été établi par la Majorité Générale de subdivisions dans le tableau des feux autorisés, partent du Poste Central de ce service et vont en ordre à la Majorité, où ils reçoivent chacun une pancarte indicative des feux de la subdivision qu'ils ont à surveiller. Ces Pompiers se rendent alors, par le chemin le plus court, à cette subdivision, et, commençant par la partie la plus éloignée des grilles du bassin et de l'Arsenal, ils exécutent, quinze minutes avant l'heure de sortie des ouvriers, leur ronde d'extinction des feux.

ARTICLE 28.

Dans cette ronde, les Pompiers doivent être accompagnés

par les agents de confiance qui ont reçu les marrons. Ils s'assurent, par les moyens en usage, que tous les feux soumis à leur surveillance, ont été bien éteints. Ils reçoivent alors de ces agents les marrons d'extinction des feux qu'ils remettent au poste central des Pompiers, ainsi que leurs pancartes. Le Chef des Pompiers, après s'être assuré de la présence de tous les marrons, en rend compte à l'Officier de garde à la Direction des Mouvenents du Port commandant le Port la nuit, et lui remet la liste des feux autorisés pour la nuit. L'Officier peut se faire présenter les pancartes et les marrons qui contrôlent, par leur présence, l'extinction des feux portés à la pancarte.

Article 29.

Si, pendant leur ronde, des travaux urgents et commencés n'avaient pas permis d'éteindre tous les feux, les Pompiers en rendraient compte à l'Officier commandant le Port. Le Chef des Pompiers ferait surveiller ces feux, avec ordre au Pompier surveillant de rapporter les marrons aussitôt le feu éteint. L'Officier commandant le Port en serait prévenu et en ferait mention le lendemain dans son rapport à la Majorité.

Article 30.

Trois heures après celle fixée pour la sortie des ouvriers, des rondes de feux, composées d'un agent et d'un porte-clefs désignés, ainsi qu'il est dit à l'article 31, par le Chef de service dont ils dépendent, accompagnés d'un Pompier porteur d'un fanal, seront faites dans tous les lieux, bureaux ou ateliers où des feux ont été allumés pendant le jour. Toutefois les Chefs de service pourront mettre en dehors de cette surveillance les lieux isolés où un incendie ne pourrait avoir de conséquences graves, et qui se trouveraient trop éloignés du parcours des rondes.

ARTICLE 31.

L'état indicatif des rondes, comprenant le nom de tous ceux qui doivent y prendre part, sera adressé chaque semaine au Major Général par chaque Chef de service; après avoir reçu le visa du Major Général pour l'exécution, il sera déposé dans la chambre affectée à l'Officier de garde de la Direction des Moúvements du Port qui commande le Port pendant la nuit; chaque Chef de ronde viendra rendre compte de sa ronde à cet Officier et signer un registre déposé au Bureau des entrées. Lorsqu'il le jugera utile, chaque Chef de service pourra déléguer soit un Officier, soit un Maître ou assimilé, pour diriger les rondes de son service.

Mouvements des Poudres.

ARTICLE 32.

Tout bâtiment, avant de passer le Fer-à-Cheval pour entrer dans le Port, doit avoir déchargé ses bouches à feu et ses petites armes; il doit aussi avoir éteint ses feux et débarqué ses poudres et artifices, ainsi que ses projectiles creux chargés.

Les soutes et coffres ou armoires à munitions ont dû être visités et nettoyés.

Un Officier d'Artillerie, après s'être assuré de l'exécution des prescriptions contenues dans les deux paragraphes précédents, donne un laissez-passer au Capitaine qui le remet au Représentant de la Direction du Port, ou au Chef du poste de l'Amiral, si c'est un navire de commerce.

ARTICLE 33.

A moins d'autorisation écrite du Major Général, les mêmes munitions ne doivent être embarquées que lors de la mise en rade ou du départ, après avoir dépassé le poste de l'Avant-Garde ; les feux de cuisine et autres ne peuvent être allumés qu'alors.

ARTICLE 34.

Pour les bâtiments de l'Etat, l'ordre donné par le Préfet Maritime de mise dans le Port ou en rade, est suivi d'une demande écrite, faite par le bord au Directeur d'Artillerie de Marine pour débarquer ou prendre les poudres, artifices et projectiles chargés. Cette demande ne dispense pas de la production des pièces ordinaires de comptabilité.

ARTICLE 35.

Pour les bâtiments de commerce de toutes nations, ainsi que pour les bâtiments de guerre étrangers, une demande écrite de prise en dépôt, d'embarquement ou de réembarquement, est faite par le Capitaine au même Directeur.

ARTICLE 36.

Les mouvements de poudres, artifices et projectiles chargés, ne doivent se faire, à moins d'une autorisation spéciale du Préfet Maritime, que par la cale de l'Avant-Garde et par des bâtiments ou embarcations portant un pavillon rouge déployé pour avertir de la nature de leur chargement.

ARTICLE 37.

Le Chef du poste de l'Avant-Garde doit, avant de laisser commencer ce mouvement, faire éteindre les feux des corps-de-garde voisins et des établisssements y attenant.

Il doit s'assurer par lui-même de cette extinction. La grille du Fer-à-Cheval est fermée pendant toute la durée de ces opérations, et la circulation est interdite.

ARTICLE 38.

Ces mouvements ne doivent se faire qu'en présence d'un

Officier de la Direction d'Artillerie et de l'Officier ou Chef de
ce service à bord, lesquels veillent à ce que toutes les précautions nécessaires pour prévenir les accidents soient prises.

ARTICLE 39.

Lorsque des poudres destinées à des travaux de mine,
doivent circuler par mer dans le port, elles sont placées dans
une embarcation pontée et recouverte de prélarts, qui
arbore le pavillon rouge ; un Maître canonnier, un Gendarme
et un Pompier accompagnent les poudres et s'assurent de
leur remise dans le dépôt des Travaux Hydrauliques. Lors des
mouvements de poudre de ce dépôt au chantier des excava-
tions, un factionnaire du poste voisin est réclamé par les
soins de l'Entrepreneur qui fait opérer ce transport.

Poudrières.

ARTICLE 40.

Les principaux magasins à poudre de la Marine sont fermés
à trois clefs, dont l'une est entre les mains du Préfet
Maritime, une seconde entre celles du Directeur d'Artillerie,
et la troisième entre celles du Garde-Magasin Comptable.

Les simples dépôts de poudre n'ont que ces deux dernières
clefs.

ARTICLE 41.

Les clefs des Comptables sont seules déposées au poste
militaire voisin, et ne sont délivrées par le Chef de ce poste
que sur production et dépôt d'un marron semblable à celui
qui les accompagne.

ARTICLE 42.

Ces magasins à poudre ne sont ouverts qu'en présence
d'un Officier d'Artillerie.

Article 43.

Les Sentinelles placées près des magasins à poudre livrés à la Direction des Travaux Hydrauliques ou à des Entrepreneurs de ce service, s'opposent à ce que nul ne s'en approche. Elles ne laissent pénétrer dans ces magasins que les Agents de cette Direction, porteurs d'une autorisation spéciale du Chef de ce service, et qui se sont fait préalablement reconnaître au poste dont ces Sentinelles dépendent.

Article 44.

Les Officiers de l'Etat-Major de la Marine, les Gendarmes, les Pompiers ou leurs Chefs, et les Officiers et Employés de la Direction d'Artillerie, peuvent seuls dépasser, du côté du Grand Magasin à Poudre, la guérite de la Sentinelle du Parc aux Boulets creux.

Article 45.

La Sentinelle du Coqueron surveille particulièrement les abords du Magasin à poudre.

Bâtiments de guerre désarmés.

Article 46.

Il est sévèrement interdit à tout Gardien de bâtiment désarmé de fumer et de faire du feu à bord.

Article 47.

Les Gardiens de bâtiments désarmés ne permettent l'introduction de la lumière à bord que sur l'autorisation de la Direction des Mouvements du Port. Ils veillent à ce que les garde-feux tiennent toujours la lumière dans le fanal *(sauf les cas prévus à l'article 53)*. Si cette précaution n'était pas observée, ils en rendraient compte à leur Direction.

ARTICLE 48.

Ils veillent à ce que leurs pompes soient en bon état et à ce que les bailles et les seaux à incendie soient toujours remplis d'eau. L'eau doit être renouvelée tous les mois par les Gardiens.

Précautions générales.

ARTICLE 49.

De fréquentes rondes et patrouilles sont faites dans le Port, par terre et par eau, de jour comme de nuit, et l'une de leurs principales obligations est de veiller aux accidents du feu.

Une ronde d'Officier, fixée par le Major Général, est faite pendant la nuit dans le but de visiter les feux autorisés à bord des bâtiments dans le Port, et de s'assurer que toutes les précautions concernant l'incendie sont observées.

Un Officier, désigné par le Major de la Flotte, est chargé, pendant le jour, de s'assurer que les fanaux sont entretenus en bon état.

En cas d'incendie, toutes les Sentinelles ont la même consigne ; elles doivent jeter le cri d'alarme : *Au feu !*

ARTICLE 50.

Pour les dispositions à prendre contre l'incendie, le Port de Brest commence au Fer-à-Cheval, et s'étend, sans interruption, jusqu'aux limites de l'établissement de la Villeneuve et des dépôts de bois dans la Penfeld.

ARTICLE 51.

Il est défendu de fumer dans l'intérieur du Port et du Parc-aux-Vivres, à bord des bâtiments de toute espèce et dans quelque situation qu'ils soient, ainsi que dans les

2

Établissements de la Marine hors du Port, sauf les exceptions prévues à l'article 69.

Les Gendarmes, les Pompiers et Gardiens mobiles conduiraient au poste le plus voisin les contrevenants à cette défense, et ils en rendraient compte aussitôt à leurs Chefs, qui en informeraient de suite le Major Général.

Si les contrevenants étaient Officiers, quel que fût leur grade, ces Agents les préviendraient qu'ils sont en contravention avec les consignes de l'Arsenal, mais il serait de leur devoir de donner connaissance à leurs Chefs de cette infraction, et ceux-ci devraient, sous leur responsabilité et par la voie hiérarchique, en informer le Major Général et le Préfet Maritime.

ARTICLE 52.

Les Pompiers garde-feux veillent à tous les accidents du feu et à ce que les lumières accordées, et qu'ils doivent surveiller, ne soient sorties des fanaux et ne servent à en allumer d'autres que dans les cas prévus ci-après. Ils ont pour l'accomplissement de ce devoir tout le caractère du factionnaire, et peuvent, à ce titre, requérir l'intervention de tout gradé et du Chef de service qui les emploie.

ARTICLE 53.

Lorsque les exigences des travaux ordonnés à terre ou à bord, nécessitent l'emploi de feux là où ils ne sont pas habituels, ou de plusieurs lumières, ou enfin de sortir les lumières des fanaux, les services qui ont à en faire usage doivent en informer la Direction des Mouvements du Port, afin que des mesures de précaution soient prises en raison du degré de danger.

Pour les travaux de l'intérieur des chaudières ou d'une machine difficile à atteindre, les ouvriers sont autorisés à se servir de la lumière, sans fanal ni plateau ; mais, dans tout

autre cas, les lumières tenues forcément hors des fanaux
doivent être placées dans des bougeoires en métal, ayant au
moins 16 centimètres de diamètre.

ARTICLE 54.

Si plusieurs feux ou lumières sont allumés dans un local
ou à bord d'un bâtiment soumis à la surveillance d'un seul
garde-feu, celui-ci visite les différents endroits où cette
surveillance serait nécessaire, et se tient de préférence là où
le danger lui paraît le plus grand.

Il fait diriger sur ce même lieu les manches des pompes
flottantes et autres dont il peut disposer.

ARTICLE 55.

Les feux de forges et de machines ne doivent être allumés,
à bord des bâtiments à vapeur ou autres, que lorsqu'un
bateau-pompe a été amarré le long du bord, les pompes du
bord disposées, les manches élongées, et leurs lances placées
près des foyers.

S'il ventait, ces feux ne seraient allumés qu'après autorisation expresse de la Direction des Mouvements du Port.

ARTICLE 56.

Les feux des pigoulières flottantes ne doivent être allumés
que si elles sont séparées par un ras de tout autre bâtiment
flottant, et munies d'une quantité de sable suffisante. Un
bateau-pompe paré à manœuvrer est amarré à la pigoulière.

ARTICLE 57.

Les Garde-feux et autres Pompiers de service, ayant
connaissance de quelque feu non autorisé, de quelque
danger, de quelque imprudence dans l'emploi des feux et
lumières accordés, ou de quelque violation des Consignes
préventives de l'incendie, en feraient, à qui de droit, les
observations dictées par les Consignes générales ou par leur
Consigne particulière.

S'il n'était pas tenu compte de ces observations, et après en avoir prévenu le Chef présent des délinquants (ouvriers ou autres), ils en feraient informer, le plus promptement possible, la Direction des Mouvements du Port ; mais, à moins d'être relevés, ils ne quitteraient pas leur poste, où leurs secours seraient devenus plus urgents.

Travaux extraordinaires dans le Port.

ARTICLE 58.

Si des travaux de chauffage de navires, chalands ou embarcations, des mises à l'eau, des expériences ou autres travaux pouvant entraîner un danger quelconque d'incendie, devaient avoir lieu dans le Port, la Direction qui les aurait ordonnés devrait avoir, assez à l'avance, informé celle des Mouvements du Port, pour que des précautions suffisantes eussent pu être prises à temps.

Chauffage des Bureaux.

ARTICLE 59.

Dans chaque bureau ou autre localité, où des feux sont autorisés pour le chauffage à des époques déterminées, des Gardiens ou autres Agents, désignés à l'avance par le Chef de chaque service, sont chargés d'allumer, d'entretenir et de surveiller ces feux.

ARTICLE 60.

Ces Gardiens ou Agents ne doivent allumer ces feux ; au plus tôt, qu'une demi-heure avant l'arrivée réglementaire dans les bureaux. Ils les surveillent attentivement tant que les bureaux ou les autres localités ne sont pas occupées.

ARTICLE 61.

Il est défendu expressément de conserver, dans le voisinage des poêles et cheminées, aucun dépôt de bois, charbon, ripes, copeaux ou autres matières combustibles. Le charbon de terre nécessaire au service de la journée doit être tenu dans des vases en tôle. Les crachoirs ne doivent être remplis que de sable, et non de brins de scie ou de ripes de bois.

ARTICLE 62.

Les Employés de tous grades ne doivent quitter leurs bureaux qu'après avoir fait éteindre les lumières et les feux dont ils se sont servis, ou s'être assurés, sous leur responsabilité, que cette extinction aura lieu.

ARTICLE 63.

Le soir, une demi-heure au plus tard avant la sortie du Port, les Gardiens et autres Agents qui ont été chargés d'allumer et de surveiller les feux autorisés pour le chauffage des bureaux et autres localités, éteignent ces feux. Les tisons sont plongés dans l'eau, et la braise éteinte est renfermée dans un étouffoir bien clos et sans trous. Cet étouffoir est déposé, jusqu'au matin, dans un endroit bien en vue sur le passage des rondes d'extinction.

Ces Gardiens et autres Agents attendent le Pompier de ronde d'extinction et l'accompagnent dans la ronde qu'il fait des cheminées et des poêles. S'il reste encore quelques traces de feu, ils se conforment à ses observations pour leur parfaite extinction. Le Pompier de ronde reçoit alors les marrons qui ont été délivrés le matin, et qui constatent l'accomplissement de son service.

Établissements de la Marine hors du Port.

ARTICLE 64.

Pour les divers établissements de la Marine situés hors du Port, les Chefs des différents services, tels que :

MM. le Directeur du Service de Santé, pour les localités dont il dispose *(Bibliothèque, Amphithéâtre, Pharmacie, etc.)*;

Le Commissaire aux Hôpitaux et Prisons, pour ces établissements et leurs annexes *(Buanderie, Chapelle, Hôpital Saint-Louis, etc.)*;

Le Commissaire aux Subsistances, pour ses fabrications de jour et de nuit, et pour ses dépôts de combustibles;

Le Directeur de la Villeneuve, pour les travaux de jour et de nuit dans cette usine;

Les Commissaires et autres Chefs de service ayant leurs bureaux en ville;

Le Garde-Magasin Général, pour les dépôts de bois, de charbon et autres situés hors de l'Arsenal et dont il a la garde;

L'Officier chargé de l'Observatoire, — le Commissaire Impérial près les Tribunaux Maritimes, — le Professeur d'hydrographie, pour les établissements confiés à leurs soins, ainsi que tous les Chefs de corps, pour les casernes, cuisines et autres localités mises à leur usage *(Equipages de la Flotte, Artillerie, Compagnie d'ouvriers, Infanterie de Marine, Gendarmerie)*,

Prennent, indépendamment des dispositions prescrites par les Consignes générales, toutes mesures de précaution et d'intérieur propres à prévenir les dangers du feu, et qui proviendraient, soit de la spécialité de leur service ou de leurs travaux, soit des lumières fixes entretenues par l'Entreprise de l'éclairage du Port, des lumières mobiles, des feux indispensables allumés accidentellement, de la faculté de fumer, là où elle est accordée, enfin de toute autre cause qu'ils pourraient prévoir.

ARTICLE 65.

Ces différents Chefs de service font, chacun en ce qui le concerne, et sous l'autorité du Major Général ou du Commissaire Général, lorsqu'ils relèvent de ceux-ci, les règlements de service intérieur qu'ils jugent nécessaires à la sûreté des établissements qui leur sont confiés.

Ces règlements, après avoir été communiqués au Major Général ainsi qu'au Directeur des Mouvements du Port, qui peuvent y joindre leurs observations, sont arrêtés et rendus exécutoires par l'approbation du Préfet Maritime.

Exceptions aux règles ci-dessus.

ARTICLE 66.

Jusqu'à nouvel ordre, les bâtiments à vapeur de l'Etat et du commerce peuvent avoir leurs feux allumés dans le Port, pendant tout le trajet d'entrée et de sortie. Ceux qui chauffent pour des essais sur place, doivent en faire la demande écrite au Major Général, comme pour toute espèce de feu.

ARTICLE 67.

Les garde-pêches, pataches des Douanes et autres navires qui sont autorisés à mouiller dans l'Avant-Port, peuvent obtenir du Major Général l'autorisation de conserver leurs poudres, d'avoir leurs feux allumés à bord et de faire leur cuisine à bord.

ARTICLE 68.

Aussi longtemps que le gril de l'Avant-Port sera conservé, si un chauffage de navire doit avoir lieu sur le platin, la Direction des Mouvements du Port doit en être prévenue à temps pour y envoyer des bateaux-pompes et des Pompiers.

Cette opération n'est autorisée que de jour.

ARTICLE 69.

La tolérance de fumer, dans certaines parties de l'Arsenal, sera maintenue provisoirement ; on se conformera à ce sujet aux prescriptions des ordres préfectoraux du 4 Mai 1859, 23 Octobre et 15 Novembre 1861, 7 Janvier 1862, 16 Août 1862 et 4 Novembre 1863, dont la récapitulation est reproduite à la suite de la Consigne.

ARTICLE 70.

L'Officier de l'Ecole Navale Impériale, chargé de l'Observatoire, est autorisé à se faire délivrer, au poste de l'Avant-Garde, pour le service de nuit de cet Observatoire, une lumière portée dans un fanal par un fusilier de ce poste.

Cet Officier devient responsable de cette lumière, et doit informer le Chef du poste de l'Avant-Garde lorsqu'elle a été éteinte.

ARTICLE 71.

En cas d'urgence, le Chef de poste de la Brasserie laisse prendre de la lumière dans un fanal, pour le service des caves, lorsque la demande lui en est faite par écrit par l'un des Comptables de ces magasins.

Un homme de garde de ce poste est porteur de ce fanal et en surveille l'emploi. Il rend compte au Chef de poste lorsque cette lumière a été éteinte.

ARTICLE 72.

Les feux du Bâtiment central de la réserve et de l'Atelier flottant sont réglés par une Consigne particulière annexée au présent Règlement.

CAS D'INCENDIE.

Avertissements à donner.

ARTICLE 73.

Toute apparence d'incendie dans un édifice, dépôt ou bâtiment du Port ou de ses annexes, doit, sur-le-champ, faire jeter le cri d'alarme : *Au feu!*

ARTICLE 74.

Toute personne, factionnaire ou autre, qui a connaissance que le feu est dans le Port, doit en donner avis au poste le plus voisin. Cet avis est transmis, de poste en poste, à celui du Bassin et à la Direction des Mouvements du Port; si c'est la nuit, l'Officier commandant le Port est immédiatement prévenu.

ARTICLE 75.

En cas d'incendie pendant la nuit, l'Officier qui commande le Port en fait avertir le plus tôt possible le Préfet Maritime, le Major Général, le Directeur des Mouvements du Port, le Directeur du service intéressé, et, enfin, le Maître principal de la Direction des Mouvements du Port.

ARTICLE 76.

En cas d'alerte pour cause d'incendie, la cloche de la tour du Port est tenue prête ; mais on ne la fait sonner que sur l'ordre du Préfet Maritime, du Major Général, de l'Officier de garde de la Direction des Mouvements du Port, qui commande le Port pendant la nuit, ou du Directeur des Mouvements en personne, si ces deux derniers jugent l'événement assez grave pour ne mettre aucun retard dans l'appel de prompts secours. Si l'Officier qui commande le Port pendant la nuit, ne pense pas avoir besoin de secours de l'extérieur, il envoie prévenir la Gendarmerie (*art.* **88**) pour que le signal d'alarme ne soit pas donné inutilement.

Les cloches des divers postes flottants et autres sont mises en mouvement en même temps que celle de la tour.

ARTICLE 77.

La générale n'est battue dans le Port que sur l'ordre du Préfet Maritime ; l'ordre peut en être porté par un Officier.

ARTICLE 78.

Le Préfet Maritime ou le Major Général ordonne, quand il y a lieu, de battre la retraite.

ARTICLE 79.

En cas d'incendie dans le Port ou en Ville, le Chef du poste de la grille de la Corderie fait immédiatement prévenir la Majorité Générale et la Direction des Mouvements du Port ; si c'est la nuit, l'Officier commandant le Port est immédiatement prévenu.

ARTICLE 80.

En cas d'incendie dans l'Hôpital, le Chef du poste en fait aviser aussitôt le Commissaire aux Hôpitaux, et il envoie une Ordonnance à la Majorité Générale ainsi qu'à la Préfecture, pour avertir de cet événement. Il fait, en outre, prévenir le Chef du poste de la grille de la Corderie.

ARTICLE 81.

Le Gardien de batterie logé à la Pointe, chargé de la surveillance générale des bâtiments situés dans cette enceinte, en cas d'incendie, demande au poste de la Redoute, à celui de l'Avant-Garde, à l'Amiral et au Bâtiment central de la réserve, qu'il soit mis à sa disposition les hommes nécessaires pour porter les premiers secours.

Il prévient immédiatement le Chef du poste de l'Avant-Garde, et en même temps envoie prévenir le Directeur d'Artillerie et le Capitaine-Adjoint chargé des artifices.

En cas d'incendie en Rade ou dans l'Avant-Port, le Gardien de batterie en donne avis au Chef du poste de l'Avant-Garde.

ARTICLE 82.

En cas d'incendie en Rade, dans l'Avant-Port ou dans l'enceinte des Vivres de la Marine et de la Pointe, le Chef du poste de l'Avant-Garde en avise immédiatement le Chef du poste de la grille de l'Arsenal, en lui envoyant une Ordonnance qui va prévenir ensuite l'Adjudant chargé de l'Amiral, pour que ce Sous-Officier signale l'événement à la Préfecture et à la Direction du Port, à l'aide du télégraphe du Parc-au-Duc. Le Chef du poste de la grille de l'Arsenal fait avertir, de son côté, la Direction des Mouvements du Port ; si c'est la nuit, l'Officier commandant le Port est immédiatement prévenu.

Le Chef du poste de l'Avant-Garde fait prévenir aussi le Directeur d'Artillerie, le Commissaire aux Subsistances, et demande aux Subsistances, à l'Amiral et au Bâtiment central de la réserve, les premiers secours nécessaires.

ARTICLE 83.

Tout incendie aperçu par l'Adjudant chargé de l'Amiral ou par le poste des Guetteurs, est immédiatement signalé à la Préfecture Maritime et à la Direction du Port par le télégraphe du Parc-au-Duc. Une Ordonnance est, en outre, envoyée à la Direction des Mouvements du Port ; si c'est la nuit, l'Officier commandant le Port est immédiatement prévenu.

ARTICLE 84.

Lorsque l'ordre d'appeler à terre les secours des bâti-ments sur rade, contre l'incendie, est donné par le Préfet Maritime au Chef-Guetteur du Parc-au-Duc, il est tiré deux coups de canon par les Gardiens du Sémaphore.

Le jour, le pavillon national est hissé à mi-mât ; la nuit, deux fanaux allumés, et placés l'un sur l'autre, sont hissés au mât de signaux de ce Sémaphore.

ARTICLE 85.

En cas d'incendie en Ville, le Chef de poste de la Préfec-ture en fait prévenir immédiatement le Préfet Maritime et le Major Général de la Marine.

Ce Chef de poste est chargé de la clef du Dépôt des Pompes situé dans la cour de la Préfecture. Il ne la délivre qu'à un Pompier.

ARTICLE 86.

En cas d'incendie dans le Port ou ses annexes, le Chef du poste de la Préfecture Maritime en fait prévenir immé-diatement le Concierge, qui est chargé **du** service des avertissements ; ce dernier expédie, sur-le-champ, un Planton pour informer du sinistre le Sous-Préfet de l'arron-dissement, le Maire, le Commandant de place et le Général commandant le département.

Un autre Planton est envoyé par le Concierge pour pré-venir les Membres du Conseil d'Administration, puis les Chefs des corps organisés, les Chefs de détails administratifs et le Commissaire Impérial.

ARTICLE 87.

La demeure des Fonctionnaires qui, d'après les différentes Consignes, doivent être avertis que le feu a pris dans le Port

ou dans ses annexes, doit être affichée dans tous les postes
d'où partent les Plantons ou Ordonnances chargés de ce
soin.

DISPOSITIONS RELATIVES AUX GRILLES ET ISSUES.

Première organisation
des secours en Personnel.

ARTICLE 88.

En cas d'alarme ou d'incendie, les grilles et les portes
du Port sont immédiatement fermées. Les Chefs de poste
font prendre les armes à leur troupe et la rangent en bataille
devant le corps-de-garde, en dedans des grilles ou portes.

De jour, ces issues sont ouvertes pour l'introduction des
troupes, des Agents chargés des clefs ou d'autres fonctions
spéciales; elles ne sont ouvertes pour les travailleurs que
sur l'ordre du Préfet Maritime ou du Major Général; l'ordre
désignant les issues qui doivent être ouvertes peut être
transmis par un Officier.

Si l'incendie a lieu pendant la nuit, et que l'Officier de
garde qui commande le Port juge l'événement assez grave
pour ne mettre aucun retard dans l'appel de secours exté-
rieurs, il fait sonner la cloche de la tour du Port afin de faire
tirer les trois coups de canon d'alarme. S'il pense ne pas
avoir besoin de secours de l'extérieur; il envoie prévenir la
Gendarmerie pour que le signal d'alarme ne soit pas donné
inutilement.

ARTICLE 89.

A ce signal des trois coups de canon, les portes Jean-Bart
et Tourville, la chaîne de l'Amiral, la grille de l'Arsenal,

la grille du Bassin et celle de la Corderie, sont ouvertes pour l'introduction des Troupes, des Agents divers et Ouvriers porteurs de cartes dites d'incendie ou de marrons ovales marqués **D. P.** (*Direction du Port*) , et , enfin , des Pompiers de la Ville , à moins que l'Officier commandant le Port ne donne l'ordre formel de les tenir fermées. Le porteur de cet ordre sera muni d'un marron.

De jour, comme de nuit, les portes sont ouvertes, en cas d'incendie, non-seulement aux Officiers , en uniforme , de tous les Corps de la Marine et de l'Armée de Terre, mais encore aux Autorités civiles revêtues de leur costume officiel. Ces portes sont refermées immédiatement après leur passage.

ARTICLE 90.

Afin d'éviter un encombrement dangereux, des Ouvriers appelés à renforcer les premiers secours, en cas d'incendie, sont désignés à l'avance dans chaque service. Ils reçoivent, par les soins de ces Chefs de service , des cartes dites d'incendie , visées par le Major Général , et qui assurent leur entrée dans le Port , en cas d'événement , hors des heures de cloche ou pendant la nuit.

Ces Ouvriers , choisis autant que possible , par moitié , parmi ceux qui habitent l'une ou l'autre rive du Port , se rendent individuellement sur les lieux du sinistre , aux ordres de l'Autorité qui y commande. Ils se pourvoient des outils qui leur seraient nécessaires dans les Dépôts d'incendie les plus voisins et par l'entremise du Pompier qui en a fait l'ouverture.

Les Calfats se rendent directement aux bateaux-pompes , dans chacun desquels deux d'entre eux doivent se placer sous la direction du Pompier chargé de le faire agir.

Les Employés divers des Mouvements du Port se rendent

et se rangent par profession devant les bureaux de cette Direction pour y recevoir la destination convenable.

Cependant, les Pompiers qui n'ont pas de postes spéciaux désignés, se rendent directement au feu et prennent, en passant, les pompes les plus à portée ou qui leur sont indiquées par leurs Chefs.

ARTICLE 91.

Au nombre des porteurs de cartes d'incendie doivent être compris :

Direction des Constructions Navales.

2 Maîtres
4 Contre-Maîtres } charpentiers.
50 Ouvriers

1 Maître
2 Contre-Maîtres } perceurs.

1 Maître
2 Contre-Maîtres } calfats.

2 Contre-Maîtres et 10 Ouvriers de l'atelier de réparation des pompes.

Direction des Mouvements du Port.

3 Agents pour le service du télégraphe.

Tous les Pompiers.

Les Gabiers du Port.

Les Gardiens de vaisseau.

Les Chaloupiers, Canotiers et Gabariers.

Direction des Travaux Hydrauliques.

16 Couvreurs.

12 Maçons, dont un Fontainier.

8 Charpentiers.

ARTICLE 92.

Les Ouvriers de toutes professions, non désignés à l'avance et n'ayant pas de cartes d'entrée dans le Port, se groupent aux abords des quais Jean-Bart et Tourville, à l'extérieur du Port, et, autant que possible, autour de leurs Chefs d'ateliers, prêts à entrer dans le Port quand leurs services seront requis.

En ce cas, ils sont conduits en détachements d'environ cent hommes chacun par les Officiers envoyés à cet effet par le Préfet Maritime ou le Major Général. Ces Officiers leur font franchir les grilles du Port, le pont s'il est nécessaire, et se mettent avec eux à la disposition du Capitaine de vaisseau chef de la section où le feu a pris.

ARTICLE 93.

Aucune entrée individuelle des Ouvriers non pourvus de cartes, ou des habitants de la ville, n'est autorisée.

Si la chaîne de l'Amiral est ouverte, les embarcations, autres que celles de l'Etat, ne peuvent être admises à entrer dans le Port que par ordre du Préfet ou du Major Général, du Directeur des Mouvements du Port ou du Capitaine de vaisseau chef de section d'incendie.

Les Chefs des postes de l'Avant-Garde et de l'Amiral veillent à l'exécution de cet article.

ARTICLE 94.

Le Chef de chaque direction ou de service désigne, à l'avance, les Officiers, Maîtres, Contre-Maîtres et Ouvriers, Agents divers et Gardiens qui doivent, en cas d'incendie, se rendre dans leurs localités respectives et n'en pas bouger, afin d'être prêts à ouvrir les portes nécessaires, à délivrer les matières demandées régulièrement ou par ordre de qui de droit, et, enfin, à pourvoir aux dangers du feu par l'effet des flammèches ou d'autres causes.

Un Maître ou Contre-Maître et des Ouvriers, en nombre nécessaire, sont désignés également d'avance, et dans le

même but de conservation , par le Directeur des Constructions Navales, pour veiller à tout navire en construction ou
dans le bassin , relevant de son autorité.

ARTICLE 95.

Tout individu n'ayant pas le grade d'Officier ou des
fonctions désignées par une tenue réglementaire , et appelé
par son service dans le Port, la nuit, en cas d'incendie, doit
recevoir , par les soins du Chef de son service , une carte
d'incendie visée par le Major Général , et au moyen de
laquelle il est admis pour entrer en même temps que la
troupe.

ARTICLE 96.

Les Agents et Employés de tous les corps , au-dessous
du grade d'Officier , et n'ayant pas de fonctions spéciales
d'après les Règlements sur l'incendie, se rendent à l'endroit
ordinaire de leur service ou de leurs travaux et y attendent
les ordres de leurs supérieurs.

ARTICLE 97.

De jour comme de nuit , un Maître ou un Contre-Maître
de chaque Direction et de chaque spécialité nombreuse ,
choisi parmi ceux qui connaissent le mieux leur personnel ,
est désigné à l'avance par son Directeur pour se tenir à
chaque porte d'entrée du Port et reconnaître les Ouvriers
qui se présentent pour entrer ; cet Agent aide au besoin à
la police de ces issues.

Un Maître et un Contre-Maître du Service des Subsistances sont désignés à l'avance , par le Chef de ce Service ,
pour se tenir à la porte de cet Etablissement , reconnaître
les hommes qui lui appartiennent et concourir au maintien
du bon ordre en cet endroit.

Dispositions diverses.

ARTICLE 98.

Au premier signal d'alarme, les Officiers de tous grades et de tous les corps autres que ceux des corps organisés qui, d'après les règlements de l'incendie, n'auraient pas de fonctions spéciales, doivent se rendre vers le lieu du sinistre, à portée de recevoir les ordres du Préfet Maritime et du Major Général, du Commissaire Général ou de l'Inspecteur en Chef, selon qu'ils relèvent de l'une ou de l'autre de ces Autorités.

Les Commandants et Officiers des bâtiments armés et en réserve se rendent à leurs bords.

Les Médecins désignés à l'avance par le Directeur du Service de Santé, se rendent dans les locaux affectés au service des blessés en cas d'incendie. Tous ceux qui n'ont pas reçu de destination spéciale se rendent à l'Hôpital pour y faire panser les blessés qu'on y transporterait.

ARTICLE 99.

Dès que le signal d'alarme est entendu dans le Port, toutes les embarcations appartenant à un service quelconque sont armées et attendent des ordres. Les remorqueurs de service poussent leurs feux et se mettent sous vapeur. Tous les bâtiments armés ou en réserve, présents dans le Port, et qui, par leur position, n'ont rien à craindre de l'incendie, envoient des détachements sur le lieu du sinistre ; les hommes s'y placent en rang sous la conduite de leurs Sous-Officiers.

Le canot du Préfet reste à sa disposition.

Le *Vulcain* détache pour l'armement des bateaux-pompes :

18 Hommes au 4me poste ;
36 — 17me —
30 — 25me —
10 — 15me — à la pompe à vapeur.

L'*Abervrach* fournit 36 hommes pour l'armement des six bateaux groupés au 9me poste.

Le reste de l'équipage du *Vulcain* et de l'*Abervrach* se rendent à la Direction du Port, à la disposition de l'Officier commandant le Port. Un nombre suffisant de chaloupes de la Direction du Port seront amarrées chaque soir pour ce service le long du *Vulcain*.

ARTICLE 100.

En prévoyance du cas où le feu prendrait à bord d'un bâtiment flottant, toutes les chaloupes et embarcations quelconques, dépendant de la Direction des Mouvements du Port, doivent être armées par les soins de cette Direction et par son personnel.

Si celui-ci ne suffisait pas, il y serait suppléé par les corvées venant de la Caserne des Marins, par celles demandées à bord des bâtiments de guerre dans le Port, ou par des hommes fournis par les Capitaines de Vaisseau chefs de section d'incendie.

ARTICLE 101.

La police des ponts flottants, exercée en temps ordinaire par les Pompiers, est faite, en cas d'incendie, de jour comme de nuit, par des piquets de Gendarmerie placés aux extrémités de ces ponts.

Ces piquets ne doivent laisser passer que les Officiers ou Fonctionnaires en uniforme, les Ouvriers ou Agents de toute espèce munis de cartes d'incendie, les corps armés, en les invitant à rompre le pas, et les détachements de Travailleurs conduits en ordre.

Ils veillent surtout à ce que le passage ne soit pas encombré, à ce que l'on n'y stationne pas, et dans le cas où, par ordre, les ponts seraient ouverts, à ce que personne ne s'y engage avant que le passage ne soit rétabli complètement.

La manœuvre de l'ouverture des ponts doit toujours être faite par la Direction des Mouvements du Port, qui y place une embarcation armée par les Gabiers.

ARTICLE 102.

Si le lieu de l'incendie était éloigné des ponts flottants, et que ces passages fussent insuffisants, un pont de radeaux et d'embarcations serait établi par les soins de la Direction des Constructions, sur le point désigné par le Préfet Maritime ou le Major Général, pour faciliter l'arrivée des secours.

Des moyens pour le remorquage de ces ras et pour l'arrivée des embarcations seraient fournis, si la Direction des Constructions ne pouvait y suffire, par celle des Mouvements du Port ou par les Capitaines de Vaisseau chefs de section d'incendie.

Dès que la Direction des Mouvements du Port est fixée sur le lieu de l'incendie, elle établit dans les environs des moyens de communication par embarcations allant et venant d'une rive à l'autre.

ARTICLE 103.

Si l'incendie a lieu pendant les travaux, les Ouvriers qui s'en trouvent le plus voisins s'y rendent immédiatement; mais, partout ailleurs, les travaux sont continués et les Ouvriers ne les quittent que sur l'ordre de leur Chef d'atelier, lequel, s'il y a lieu, les conduit ou les fait conduire en ordre près du foyer de l'incendie. Sont exceptés de cette disposition, les Ouvriers qui ont un poste spécial d'incendie, lesquels, avec l'autorisation de leur Chef, se rendent de suite au poste qui leur est assigné.

L'appréciation du Chef d'atelier dépend, en ce cas, de sa position par rapport au foyer de l'incendie, de l'importance du feu et de l'espèce des secours qu'il convient d'y porter promptement.

Dans tous les cas, chaque Chef d'atelier doit se mettre en mesure d'exécuter les ordres qu'il viendrait à recevoir de ses Chefs directs, du Préfet, du Major Général ou du Capitaine de Vaisseau chef de section d'incendie.

ARTICLE 104.

Tous les soirs, les bateaux-pompes sont groupés dans les différents postes indiqués à l'article 128.

En cas d'incendie, les hommes de la Direction du Port, couchant dans ces postes, démarrent les bateaux-pompes et, aidés par des Matelots que le *Vulcain* détache immédiatement pour ce service *(Art. 99)*, les conduisent sans retard sur le lieu du sinistre.

Les pompes sont mises, chemin faisant, en état de fonctionner, et les équipages sont doublés sur le lieu du sinistre, si cela est nécessaire.

Lorsque l'incendie éclate dans le Port ou dans un lieu voisin, les Gardiens de vaisseau, qui ne doivent jamais quitter leur bord, mouillent les ponts et éteignent les flammèches qui pourraient tomber, particulièrement sur les toitures, et font ramasser les tentes, s'il y a lieu.

Les Chefs de garde des bâtiments en réserve font prendre les mêmes précautions.

ARTICLE 105.

En cas d'incendie, les détenus du Pénitencier qui seraient sur les travaux sont reconduits immédiatement à leur bord ;

s'il devient nécessaire d'évacuer le bâtiment en totalité **ou** en partie, l'Officier de service à ce poste, s'il n'a pas le temps nécessaire pour prendre les ordres du Major Général, est autorisé à ordonner cette opération, en rendant **compte** le plus tôt possible des mesures prises.

ARTICLE 106.

En cas d'incendie, les équipages des bâtiments du commerce, dans le Port, doivent rallier leurs navires et se tenir prêts à changer de poste si l'ordre leur en est donné.

Dispositions relatives aux Corps organisés.

ARTICLE 107.

Dans chaque caserne, le Chef de corps ou l'Officier qui le représente fait prendre, dès qu'un avis d'incendie dans le Port lui est donné ou dès que le signal d'alarme est entendu, les dispositions qui vont être indiquées ; il ne doit pas, pour faire partir la troupe, attendre l'ordre du Major Général.

Le Chef de chaque corps fait aussitôt doubler en Sous-Officiers, Caporaux et Soldats les postes qu'il a déjà fournis pour la garde du Port. Les postes de la Préfecture et de l'Amiral ne sont pas doublés.

Les Chefs de corps ayant fourni des postes commandés par des Sous-Officiers, envoient des Officiers pour en prendre le commandement. Le poste de la Préfecture est encore excepté de cette mesure.

ARTICLE 108.

Dans chaque caserne, l'Officier commandant désigne les hommes nécessaires pour assurer l'ordre et le service local pendant l'absence de la troupe et pour surveiller la chûte et l'extinction des flammèches qui pourraient provenir de l'incendie.

ARTICLE 109.

Des cartouches ne sont délivrées aux corps armés que sur l'ordre du Préfet ou du Major Général. Dans ce cas seulement, ils reçoivent dix coups à mitraille par pièce, et dix cartouches à balle par fusil ou mousqueton.

Lorsque ces dispositions sont prises et que la troupe est prête à marcher, les détachement sont dirigés, le plus promptement possible, sous la conduite des Officiers présents, vers les postes qui leur sont désignés dans les articles 110, 111, 112, 113, 114 de la Consigne générale sur l'incendie.

En arrivant sur les lieux, les Chefs de détachement prennent les ordres de l'Autorité qui y commande.

Compagnie de Gendarmerie.

ARTICLE 110.

L'Officier commandant la Gendarmerie fait prendre à sa troupe la tenue de service, puis détache un Officier, un Sous-Officier et six Gendarmes sur le lieu de l'incendie, à la disposition de l'Autorité qui y commande.

Il détache des Gendarmes aux issues qu'il sait devoir être ouvertes et à chacune des extrémités des ponts flottants.

Il se rend ensuite, avec le reste de sa Compagnie, sur le lieu de l'incendie, où il attend les ordres du Préfet ou du Major Général, soit pour fournir des escortes, des patrouilles, des renforts aux diverses issues, ou pour tout autre service en rapport avec ses attributions.

Compagnie d'Ouvriers d'Artillerie.

ARTICLE 111.

Les Officiers commandant les Ouvriers d'Artillerie leur font prendre les armes et dirigent leurs hommes, sous le commandement de leurs Officiers, vers les Magasins à poudre de l'Avant-Garde, dans l'enceinte dite de la Pointe, où elles prennent position et attendent les· ordres du Major Général ou du Sous-Directeur d'Artillerie chargé de la sûreté de cette partie des établissements de la Marine.

Batterie d'Artillerie.

ARTICLE 112.

L'Officier commandant les Batteries casernées au Quartier de la Marine détache le nombre d'hommes armés nécessaires pour doubler les postes fournis par l'Artillerie de la Marine. Il fait prendre les mousquetons à la moitié des Artilleurs restants.

Les Canonniers armés et commandés par leurs Officiers se rendent sur le lieu de l'incendie.

Les Canonniers non armés sont envoyés en travailleurs et conduits par un Officier pour cent hommes, à la disposition du Capitaine de Vaisseau commandant la section dans laquelle est le feu. Ils s'arrêtent et se rangent, pour attendre ses ordres, à deux cents pas du foyer d'incendie. Chaque Officier fait prévenir le Commandant de la section d'incendie de son arrivée.

Equipages de la Flotte.

ARTICLE 113.

L'Officier commandant à la Caserne des Equipages de la Flotte fait prendre les armes à la Compagnie de Matelots-

Canonniers et Fusiliers, d'où il détache d'abord les hommes nécessaires pour doubler les postes occupés par la Division, puis un piquet de vingt hommes commandés par un Officier, un Sergent et deux Caporaux, pour prendre position entre la Porte-Rouge et la Poterne de la Cayenne, qui est ouverte à cet effet.

Le reste de cette Compagnie armée est conduit par ses Officiers au bas de la Rampe de la Cayenne, le long du Magasin-aux-Fers, où elle attend des ordres, tout en surveillant la Prison de Pontaniou.

Tous les autres hommes disponibles de la Caserne des Equipages de la Flotte, sont envoyés en travailleurs, et sous la conduite de leurs Officiers, à la disposition du Directeur des Mouvements du Port ; ils se rangent, pour attendre ses ordres qui lui sont demandés par un Officier, sur le Quai de l'Artillerie, près du Pont flottant ; de là ils se rendent sur le lieu du sinistre s'ils ne reçoivent pas des ordres contraires.

Infanterie de Marine.

ARTICLE 114.

L'Officier commandant les troupes d'Infanterie de Marine fait prendre les armes au tiers des Compagnies dont il dispose. Il forme en détachements, pour être expédiés sur-le-champ, sans attendre l'ordre du Major Général :

1° 100 hommes armés, commandés par leurs Officiers et un Capitaine qu'il désigne, pour aller prendre position devant le Pénitencier Maritime ;

2° 100 hommes armés et ayant deux Officiers pour aller, sous le commandement d'un Capitaine, prendre position : 50 hommes au bas de la Grand'Rue, la droite près de la porte du Port, et 50 hommes du côté de Recouvrance, à l'extérieur du Port, leur droite à la porte Jean-Bart ;

3° Le reste des Compagnies armées, pour être conduites par leurs Capitaines et autres Officiers sur le lieu de l'incendie, à la disposition du Capitaine de Vaisseau chef de section, qui doit les employer à former des cordons autour du foyer de l'incendie, à empêcher l'encombrement et le désordre autour des travailleurs, à protéger le transport des matières qu'il faudrait sortir des Ateliers et Magasins, enfin à tout autre service de sûreté.

ARTICLE 115.

Les Compagnies non armées, commandées par un seul Officier chacune, sont envoyées en travailleurs, à la disposition du même Capitaine de Vaisseau chef de section d'incendie, dont elles attendent les ordres en s'arrêtant et se rangeant à deux cents pas du foyer d'incendie.

Observations générales.

ARTICLE 116.

Les Officiers supérieurs et autres des corps organisés, non employés d'une manière spéciale, se rendent près du Major Général pour attendre ses ordres, mais seulement après avoir assuré les dispositions précédentes et après que leurs hommes sont partis des Casernes.

Agents du Gardiennage actif.

ARTICLE 117.

En cas d'incendie, de nuit comme de jour, les Agents du Gardiennage actif qui se trouvent de service doivent se maintenir à leur poste et redoubler de surveillance.

Ceux qui ne seraient pas de service doivent se rendre, en uniforme et armes, au Poste central de la Grille du

Bassin, pour se tenir à la disposition du Gardien-Major-Chef, qui en dispose, soit pour doubler les postes aux issues ouvertes, soit pour surveiller les parties de l'Arsenal éloignées et au delà du lieu de l'incendie.

Agents de la Comptabilité des Matières.

ARTICLE 118.

Tous les Agents de la Comptabilité-Matières doivent se rendre immédiatement à leurs postes et veiller, par tous les moyens possibles, à la préservation et à la conservation des établissements et approvisionnements qui leur sont confiés.

Ils sont autorisés, conformément à l'article 22 de l'Instruction du 1er Octobre 1854, à mettre les objets existant en magasin, sur réquisition verbale faite par un Officier ou assimilé, à la disposition de l'autorité qui les réclame.

Ils doivent s'informer du nom de cet Officier.

Le Garde-Magasin général poursuit la régularisation de ces délivrances, ainsi qu'il est prescrit au 2me paragraphe de l'article précité de l'Instruction de 1854.

Sections d'incendie.

ARTICLE 119.

Le Port de Brest est partagé, pour la direction des secours à porter en cas d'incendie, en quatre sections :

La première section comprend l'enceinte du Parc-au-Duc, la Machine à mâter, le Quai Tourville ; l'enceinte du Parc-aux-Vivres, le Quai Jean-Bart ; elle comprend aussi tous les Postes d'amarrage depuis l'Avant-Port jusqu'au Pont flottant Tréhouart dans le Port.

La deuxième section commence aux Grilles du Bassin et de l'Arsenal, et s'étend, du côté de Brest, jusqu'à la Grille de la Corderie, en comprenant le Bassin, et, sur les Quais, les édifices allant jusqu'aux Corderies. Du côté de Recouvrance, elle s'étend jusqu'au Viaduc, en comprenant, avec les Quatre-Bassins, la Prison de Pontaniou, la Cayenne et les édifices du Plateau des Capucins. Cette section comprend encore les Postes d'amarrage depuis le Pont flottant Tréhouart jusques et y compris le seizième.

La troisième section comprend, du côté de Brest, l'ancien Bagne, les deux Corderies, ainsi que tous les édifices existant jusqu'au Réservoir, et, du côté de Recouvrance, les Chantiers de la Montagne, le Bois de Bordenave, les Chantiers d'embarcations et tous les édifices allant jusqu'au Salou. Les Postes flottants, entre le seizième et le vingt-unième amarrages, celui-ci compris, appartiennent à ladite section.

La quatrième section comprend les Bassins du Salou, tout ce qui existe sur les deux rives et les Postes flottants, depuis le vingt-deuxième jusqu'au fond du Port.

ARTICLE 120.

Les dépendances de la Marine, hors de l'Arsenal, sont annexées aux sections du Port, ainsi qu'il suit :

Tout ce qui est situé en ville, du côté de Brest, dans le sud de la rue Fautras (Préfecture, Etablissement des Pupilles, Bureaux de l'Administration, etc.), est annexé à la deuxième section, qui est plus à portée de fournir les secours nécessaires. Il en est de même du Polygone situé du côté de Recouvrance.

Tout ce qui est au nord de cette limite, jusqu'à l'Arrière-Garde (Caserne de Gendarmerie, Pharmacie Centrale, Caserne des Ouvriers d'Artillerie, Hôpital et Quartier de la

Marine, etc.), est annexé à la troisième section du Port, qui en est la plus rapprochée. L'Etablissement de Pontanézen est annexé à la troisième section.

Enfin, tout ce qui est au nord de l'Arrière-Garde, sur les bords de la Penfeld, se rattache à la quatrième section, y compris les Forges de la Villeneuve et la Buanderie.

ARTICLE 121.

L'enceinte dite de la Pointe, où se trouve les grands Magasins à poudre et les Ateliers ou Magasins des artifices, n'appartiennent à aucune section.

Cette enceinte est placée sous la surveillance immédiate du Sous-Directeur d'Artillerie, qui exerce en ce lieu les mêmes fonctions de commandement et autres que les Capitaines de Vaisseau chefs de section d'incendie.

ARTICLE 122.

Dans chacune des sections qui viennent d'être déterminées, un Capitaine de Vaisseau, nommé à l'avance, est chargé, sous l'autorité immédiate du Préfet et du Major Général, du commandement et de la direction du personnel, armé ou non, dirigé vers l'incendie, ainsi que de l'emploi des secours en matériel déjà placés dans la section ou qui y seraient envoyés.

Deux Capitaines de Frégate, deux Lieutenants de Vaisseau et deux Enseignes de Vaisseau, désignés à l'avance, sont placés sous les ordres de cet Officier supérieur.

ARTICLE 123.

Les attributions principales des Capitaines de Vaisseau chefs de section d'incendie, sont ainsi déterminées :

1° Recevoir et diriger les secours de toute nature qui arrivent dans l'étendue de leur section ;

2° Former des cordons d'hommes armés autour du foyer de l'incendie, pour n'en laisser approcher que les personnes désignées, pour éviter ainsi tout encombrement inutile d'hommes et pour s'opposer au détournement frauduleux des objets appartenant à l'Etat ;

3° Maintenir l'ordre et le silence aux environs de l'incendie, en faisant ranger et attendre à quelque distance tous ceux qui n'ont pas encore reçu une destination active ;

4° Placer des Factionnaires près des manches en cuir des pompes, pour veiller à leur conservation ;

5° Former des équipages de pompes destinées à se relever fréquemment ;

6° Former des chaînes de porteurs d'eau, sur deux lignes, pour les seaux pleins et les seaux vides ;

7° Faire disposer les échelles d'incendie ainsi que les hommes pour les manœuvrer ;

8° Fournir aux Autorités chargées d'attaquer le feu, et sur leur demande, les équipages de pompes, porteurs d'eau, porteurs d'échelles et autres travailleurs nécessaires ;

9° Veiller au transport et au prompt secours des blessés ;

10° Assurer l'armement des chaloupes et canots, dans la section, et la facilité des transports d'un côté à l'autre du Port ;

11° Veiller à l'armement des bateaux-pompes et les diriger sur les lieux où ils peuvent être utiles ;

12° Faire arriver sur les lieux indiqués les pompes nécessaires, y compris la pompe à vapeur, ainsi que leur matériel ;

13° Demander aux autres Chefs de section les secours dont ceux-ci peuvent disposer ;

14° Fournir les corvées demandées pour les déplacements de navires, pour l'armement d'embarcations, pour l'évacuation des magasins, pour les transports de matériaux hors du voisinage de l'incendie, ou autres travaux urgents;

15° Faire prendre et transporter sur les points indiqués les objets divers demandés par l'Autorité chargée de l'attaque du feu.

ARTICLE 124.

Les Capitaines de Vaisseau chefs de sections d'incendie non atteintes par le feu, maintiennent en bon ordre tous les secours en personnel, moyens de transport et matériel, qui leur arriveraient et dont ils pourraient disposer, et les tiennent prêts à être envoyés partout ou ils seraient nécessaires.

Ils conservent toujours, dans les diverses localités de leur ressort, les hommes qui, d'après l'intensité du feu et son voisinage, leur paraîtraient nécessaires pour veiller à la chûte et à l'extinction des flammèches, et pour empêcher l'incendie de se propager.

ARTICLE 125.

Le Capitaine de Vaisseau chef de la première section, conserve le commandement et la direction des troupes et des secours divers envoyés dans l'enceinte de l'établissement des Subsistances.

ARTICLE 126.

Les dépôts de poudre dans l'intérieur du Port, tels que ceux de Bordenave et du Point-du-Jour, sont placés, s'ils ne sont pas encore menacés par le feu, sous la surveillance spéciale des Capitaines de Vaisseau chefs de section d'incendie dans lesquelles ils se trouvent.

Les troupes envoyées dans l'enceinte de la Pointe, pour la sûreté des magasins à poudre et ateliers d'artifices qui y sont situés, sont commandées par le Sous-Directeur d'Artillerie.

Le Capitaine de Vaisseau chef de la première section a pour mission, si les établissements de la Pointe sont menacés, de concentrer et mettre en ordre les secours de toute espèce qu'il peut rallier pour les mettre à la disposition du Directeur d'Artillerie, spécialement chargé de la préservation des poudres, ou du Directeur des Travaux hydrauliques, chargé de l'attaque du feu dans les établissements des Subsistances de la Marine.

ARTICLE 127.

La manœuvre des pompes, celle des échelles et du matériel spécial d'incendie, doit toujours être exécutée par les Pompiers, sous le commandement de leurs Sous-Officiers et de l'Officier qui commande leur Compagnie.

Ceux-ci doivent obtempérer aux ordres d'un supérieur en grade, dirigeant les travaux d'incendie, et plus particulièrement du Directeur compétent ; mais ils sont chargés de faire fonctionner leur matériel, avec l'aide nécessaire prise parmi les travailleurs accourus au feu.

ARTICLE 128.

Tous les soirs, les bateaux-pompes sont distribués dans le Port, sauf les besoins du service courant, de la manière suivante :

$$4^{me} \text{ Poste (Avant-Port)} \dots\dots 4$$
$$9^{me} \quad Id. \dots\dots\dots 6$$
$$17^{me} \quad Id. \text{ (Viaduc)} \dots\dots 6 \quad \Big\} \quad 22$$
$$25^{me} \quad Id. \dots\dots\dots 6$$
$$15^{me} \quad Id. \text{ la pompe à vapeur.}$$

Un Ouvrier pompier, au moins, est affecté à chaque groupe pour veiller à l'installation des pompes.

Ces bateaux, en cas d'incendie, doivent être armés de dix hommes, dont deux calfats choisis, s'il est possible, parmi ceux qui ont navigué.

Tous les soirs, une canonnière et une chaloupe à vapeur sont amarrées, la première dans l'Avant-Port, la deuxième au Pont Tréhouart. Elles conservent leurs feux au fond des fourneaux, prêts à être poussés. L'équipage de la canonnière couche à bord, celui de la chaloupe à la Direction des Mouvements du Port.

ARTICLE 129.

Les corps-de-garde d'incendie sont répartis entre les quatre sections d'incendie et de la manière suivante :

1re Section d'incendie : 4me Poste.
2me — 9me —
3me — 17me —
4me — 25me —

Ces corps-de-garde, dans lesquels stationne un personnel appartenant à la Direction des Mouvements du Port, sont munis des objets suivants :

Deux grappins à quatre branches, pour entrer dans les sabords de la première batterie de vaisseaux incendiés, avec une chaîne de treize mètres de long et un organeau au bout duquel on puisse établir un grelin de quinze à vingt centimètres ;

Deux grappins moyens avec des chaînes de huit mètres ;

Vingt haches fines ;

Douze tarrières ;

Deux pinces et un nombre de seaux correspondant au personnel du corps-de-garde flottant ;

Une chaloupe d'incendie portant le numéro de la section à laquelle elle est affectée.

Cette chaloupe doit être armée immédiatement et recevoir un grelin et les grappins qui seraient jugés nécessaires.

Attaque du feu.

ARTICLE 130.

La direction générale des secours à donner en cas d'incendie dans le Port ou ses annexes, appartient, sous l'autorité du Préfet Maritime, au Major Général,

Aucune mesure ne peut être prise par qui que ce soit, pour l'extinction du feu, sans son autorisation, s'il est présent, ou sans avoir à l'informer des mesures déjà prises lorsqu'il arrive sur le lieu de l'incendie.

Toutefois, l'Officier de garde à la Direction des Mouvements du Port, qui commande le Port pendant la nuit, est autorisé à prendre toutes les mesures qu'il juge convenables pour la célérité des premiers secours à porter en cas d'incendie ; il en conserve la direction jusqu'à l'arrivée des Autorités compétentes, à savoir : des Directeurs, pour l'attaque du feu dans les établissements dépendant de leur direction ; — des Capitaines de Vaisseau chefs de sections d'incendie, pour l'organisation des secours.

Les dimanches et jours fériés, ainsi que dans l'intervalle entre le coup de canon et la cloche, soir et matin, l'Officier de service à la Direction des Mouvements du Port, prend les premières mesures en cas d'incendie.

ARTICLE 131.

La direction des travaux à faire dans chaque localité, pour combattre l'incendie, appartient, sous l'autorité du Major Général et du Préfet Maritime, au Directeur dans les attributions duquel se trouve le bâtiment, le dépôt ou l'édifice pour lequel ces travaux sont nécessaires.

Ainsi, le Directeur des Constructions navales dirige ces travaux lorsqu'ils ont lieu dans un navire sur les chantiers ou dans les bassins, et dans les ateliers, bureaux et magasins de la Direction.

Le Directeur des Mouvements du Port dirige les travaux à faire à bord des bâtiments à flot , y compris la Réserve et le Pénitencier , ainsi que dans les ateliers , bureaux et magasins ou dépôts relevant de cette Direction.

Le Directeur d'Artillerie dirige également les travaux à faire dans tous les établissements en rapport avec sa Direction , et particulièrement dans le voisinage immédiat des poudrières.

Le Directeur des Forges de la Villeneuve dirige également les travaux à faire dans cet établissement.

Enfin , le Directeur des Travaux hydrauliques prend la direction des opérations à exécuter dans toute localité n'appartenant pas à l'une de ces Directions, que cette localité soit dans l'intérieur ou à l'extérieur du Port.

Dans les casernes , ce Directeur est assisté par les Chefs des corps casernés.

Dans l'ancien Bagne , l'Hôpital et les Prisons , le Magasin général , les bureaux , ainsi que dans tout autre établissement ne relevant pas de l'une des Directions déjà nommées, le Directeur des Travaux hydrauliques est assisté par le Chef de ces établissements.

Chaque Directeur ou Chef d'établissement se fait aider, en outre, par les Officiers et Agents sous ses ordres qu'il a désignés à l'avance ou qu'il appelle à cet effet près de lui.

ARTICLE 132.

De jour, les premiers secours contre l'incendie doivent être portés par les Ouvriers , les Agents de toute espèce et les Pompiers les plus voisins ou les plus à même d'arrêter les progrès du feu.

Ces Pompiers, Ouvriers ou Agents doivent être dirigés, aussitôt que possible, et dans l'ordre hiérarchique, par tout supérieur, de quelque corps qu'il soit, accouru sur le lieu de l'incendie, jusqu'à ce que le Directeur compétent soit arrivé.

ARTICLE 133.

De nuit, les premiers secours sont portés par les Pompiers de service aux environs, par les Gardiens de nuit, par les Gabiers de Port et par les hommes de la Réserve ou des navires les plus voisins.

Ces premiers secours sont dirigés dans l'ordre hiérarchique par tout supérieur arrivé sur les lieux, quel que soit le corps auquel il appartienne et jusqu'à ce que l'Officier de garde à la Direction des Mouvements du Port, qui commande le Port pendant la nuit, soit arrivé. Ce dernier ne remet la direction des travaux entrepris qu'aux Autorités compétentes, à savoir : aux Directeurs, pour l'attaque du feu dans les établissements dépendant de leur direction ; — aux Capitaines de Vaisseau chefs de sections d'incendie, pour l'organisation des secours.

ARTICLE 134.

Les attributions des Directeurs chargés, sous l'autorité du Préfet Maritime et du Major Général, et dans chaque localité relevant de leur service, d'attaquer l'incendie à son foyer, sont principalement les suivantes :

1° Diriger l'action des Pompiers de la manière la plus utile ;

2° Faire déplacer ou placer les pompes, en déterminer le nombre, selon les besoins, et faire diriger leurs jets ;

3° Faire placer les têtes de colonnes de porteurs d'eau, soit pour alimenter les pompes, soit pour tout autre usage ;

4° Faire placer les échelles d'incendie ou autres, et ordonner les travaux nécessaires aux toitures ;

5° Faire ouvrir, en démolissant s'il le faut, les communications nécessaires selon les localités ;

6° Faire mettre en sûreté les pièces de comptabilité ; faire déplacer ou transporter ailleurs, en prenant les précautions voulues pour la conservation des intérêts de l'Etat, les objets de matériel gênants ou exposés ;

7° Réclamer des Capitaines de Vaisseau, chefs des sections d'incendie, les secours tenus en réserve par ceux-ci, et en général tous les objets dont ils viendraient à avoir besoin ;

8° Proposer au Préfet les démolitions d'édifices qui leur sembleraient nécessaires.

Article 135.

Les démolitions d'édifices reconnues nécessaires pour arrêter les progrès de l'incendie, ne peuvent être ordonnées que par le Préfet Maritime, ou par le Major Général si le Préfet n'est pas sur les lieux, et toujours après avis du Directeur des Travaux hydrauliques.

Brest, le 13 Mai 1867.

Le Contre-Amiral, Major Général de la Marine,

Bon MÉQUET.

Vu et Approuvé :

Le Vice-Amiral, Préfet Maritime,

A. DUPOUY.

RÉCAPITULATION

Des parties de l'Arsenal dans lesquelles la tolérance de fumer est maintenue provisoirement, conformément aux ordres Préfectoraux des 4 Mai 1859, — 23 Octobre et 15 Novembre 1861, — 7 Janvier et 16 Août 1862, — et 4 Novembre 1863.

1°

Dans les localités concédées comme logement à divers Employés dans l'intérieur du Port, ainsi que dans tous les postes et corps-de-garde à terre occupés jour et nuit, soit par des troupes ou des Gabiers du Port, *à l'exception* du poste de la Redoute, où la défense de fumer est formelle ;

A bord de l'*Uranie,* atelier flottant (intérieur de l'atelier) ;

A bord du *Vulcain,* bâtiment central (sur le pont).

2°

Aux heures des repas :

Dans l'espace compris entre le mur d'enceinte et le canal qui conduit à la forme du Bassin de Brest ;

Grille de la Corderie, dans l'espace déterminé par des filières ;

Porte de Kerinou, dans l'ancien petit hangar au bois de gaïac et sur l'espace compris entre ce hangar et le poste des Gardiens ;

Sur le quai et dans l'espace contigu aux deux postes de l'Arrière-Garde, limités en aval par des filières ;

Au pied de l'escarpement du rocher, entre les cales 3 et
4 de Bordenave ;

A la grille de l'Arsenal, dans l'espace limité en amont
par une filière ;

Le hangar devant les bureaux des Travaux hydrauliques ;

Le chauffoir des soupes à la Boucherie ;

L'espace marqué par des filières, en dedans de la grille
des Vivres, sur le quai.

La tolérance de fumer sera en outre maintenue pour les
ateliers ou forges indiqués ci-dessous :

Forges du Bassin de Brest ;
    —   de la Serrurerie ;
    —   de la Boucherie ;
    —   de l'Artillerie ;
    —   de la Magdeleine ;
Atelier des Grandes Forges et Martinets ;
    —   des Machines ;
    —   de la Grosse Chaudronnerie ;
    —   de la Petite Chaudronnerie, au rez-de-chaussée ;
Extrémité nord de la Halle du Montage ;
Halle de la Fonderie ;
Atelier du Zingage.

CONSIGNES

PARTICULIÈRES

RELATIVES A L'INCENDIE

CONSIGNE

DE L'OFFICIER COMMANDANT LE PORT

Pendant la nuit.

Un Officier commande le Port pendant la nuit. Il est le Représentant du Major Général et a, en conséquence, la haute surveillance de la police, du service militaire et de la Gendarmerie.

En cas d'événement, et particulièrement d'incendie, il prend la direction supérieure des opérations jusqu'à l'arrivée des Autorités, qui doivent être immédiatement prévenues par ses soins.

Le service de l'Officier commandant le Port se prend un quart d'heure avant la fermeture de la grille et ne se quitte qu'après le coup de canon de diane.

La clef de la chaîne lui est remise tous les soirs, après la fermeture, qui a lieu au coup de canon de retraite, et il n'en permet la réouverture qu'au coup de canon de diane, à moins d'incendie ou de nécessité de service, et dans ce cas il en rend compte.

Cas d'Incendie. — Avertissements à donner.

En cas d'incendie, l'Officier commandant le Port pendant la nuit fait prévenir immédiatement :

1° Le Préfet Maritime, par le télégraphe de la Direction du Port et, en outre, par un homme de ce service expédié en toute hâte ;

2° Le Major Général , par un des Gendarmes de service à la grille du Bassin , lequel restera à ses ordres ;

3° Le Directeur du Port , par un Agent de ce service ;

4° Le Directeur du service intéressé , par un Agent de la Direction du Port ;

5° Le Maître Principal de la Direction du Port et autres Employés de cette Direction, par un Agent de ce service.

Ces Agents sont munis de marrons carrés portant les mots « COMMANDANT DU PORT — AVIS » , et sur la présentation desquels la grille du Bassin leur est ouverte.

La Majorité et la Division sont en même temps prévenues par le fil électrique de la Préfecture Maritime.

Les autres Chefs de service et les Autorités civiles et militaires sont prévenus par les soins du Concierge de la Préfecture Maritime (*Art. 86 de la Consigne générale sur l'incendie*).

S'il juge l'événement assez grave pour ne mettre aucun retard dans l'appel de prompts secours, le Commandant du Port fait sonner la cloche de la tour , afin de faire tirer les coups de canon d'alarme. Dans le cas contraire, c'est-à-dire si l'incendie , d'après son appréciation , ne nécessitait pas l'appel de secours de l'extérieur , il ferait prévenir , sans retard , le poste de vigie à la Gendarmerie pour qu'on ne donnât pas inutilement le signal d'alarme.

Aussitôt que les trois coups de canon du signal d'alarme auront été entendus , à moins que l'Officier commandant le Port ne donne l'ordre de les tenir fermées (ordre qui serait expédié par un Agent muni d'un marron), les portes Jean-Bart et Tourville, la chaîne de l'Amiral, la grille de l'Arsenal, la grille du Bassin et celle de la Corderie seront ouvertes , non-seulement pour les Officiers en uniforme , de la Marine et de l'Armée de terre, ainsi que pour les Autorités civiles , revêtues de leur costume officiel , mais encore pour les corps de troupes et pour les Ouvriers porteurs de cartes dites d'incendie ou de marrons ovales marqués **D. P.** *(Direction des Mouvements du Port)*, et enfin pour les Pompiers de la Ville.

L'Officier commandant le Port la nuit fera faire le soir, devant lui, en présence du Maréchal-des-Logis ou du Brigadier de service à la grille du Bassin, l'appel des divers Agents chargés d'avertir les Autorités, de celui chargé du télégraphe, et il s'assurera qu'ils sont tous bien à même de remplir leurs obligations.

OBSERVATIONS.

1er NOTA. — Les cinq marrons carrés destinés aux Agents de la Direction du Port, désignés ci-dessus, et les marrons destinés à empêcher l'ouverture des portes, sont placés dans la chambre de l'Officier de service dans le Port. Ils sont remis au moment du sinistre à ces divers Agents, par le Commandant du Port lui-même, qui leur donne aussi le mot de ralliement.

2me NOTA. — D'après l'article 87 de la Consigne générale sur l'incendie, la demeure des Fonctionnaires qui, d'après les différentes Consignes, doivent être avertis que le feu a pris dans le Port ou tous ses annexes, doit être affichée dans les postes d'où partent les Plantons et Ordonnances chargés de ce soin.

Brest, le 25 Février 1867.

Le Contre-Amiral, Major Général de la Marine,

Signé : Bon MÉQUET.

Vu et Approuvé :

Le Vice-Amiral, Préfet Maritime,

Signé : A. DUPOUY.

CONSIGNE

DU POSTE DE VIGIE

ÉTABLI

à la Caserne de Gendarmerie.

ARTICLE PREMIER.

Un poste de vigie placé à la Caserne de Gendarmerie, et composé de quatre Gendarmes et d'un Brigadier, est chargé de donner le signal d'alarme, en cas d'incendie dans le Port pendant la nuit.

ARTICLE 2.

De la cloche du soir à celle du matin, il y aura toujours l'un des quatre Gendarmes désignés en vigie dans le belvédère disposé à cet effet. Il sera relevé d'*heure en heure*, et ne pourra, sous aucun prétexte, quitter son poste sans avoir été remplacé.

ARTICLE 3.

Un fanal, placé dans la mansarde attenant au belvédère, permettant aux rondes du Port de s'assurer si l'homme de vigie est ou n'est pas à son poste, elles devront en rendre compte dans leurs rapports.

ARTICLE 4.

Une caisse à poudre, contenant trois gargousses et quelques étoupilles, est placée dans le local disposé à cet effet.

Tous les soirs, avant que la porte de l'Arsenal ne soit fermée, le Brigadier ira avec ses hommes charger la pièce destinée à donner le signal d'alarme. Il règlera ensuite le service pour la nuit. La pièce sera déchargée le matin, si elle n'a pas tiré.

ARTICLE 5.

Tous les soirs, le Brigadier de service ira prendre à la Majorité la clef de la petite porte de l'Arsenal située devant la Caserne de Gendarmerie et qui donne sur le chemin de ronde intérieur. Cette clef lui sera remise sous scellés ; il la rapportera à la Majorité dans le même état. Ces scellés ne peuvent être brisés qu'en cas d'incendie dans le Port, pour l'entrée des Gendarmes de vigie.

Avertissements à donner.

ARTICLE 6.

Si l'homme de vigie aperçoit un incendie dans l'un des établissements du Port, il préviendra immédiatement le Brigadier de service. Celui-ci, après s'être assuré que c'est bien un incendie de quelque importance que l'on aperçoit, enverra prendre les gargousses dans l'endroit où elles sont déposées, et il se rendra le plus rapidement possible, avec ses hommes, à la pièce placée sur le chemin de ronde, pour donner le signal d'alarme.

Ce signal se compose de trois coups de canon tirés le plus vite possible, c'est-à-dire, en ne laissant entre chaque coup que l'intervalle de temps nécessaire pour recharger.

ARTICLE 7.

Si la cloche de la tour de la Direction du Port sonnait pour appeler des secours contre l'incendie, le Brigadier ferait tirer les trois coups de canon d'alarme, lors même que la lueur du feu ne serait pas aperçue de la vigie.

ARTICLE 8.

Si un incendie de peu d'importance, et ne nécessitant pas, suivant l'appréciation de l'Officier commandant le Port, l'appel des secours de l'extérieur, venait à se déclarer, cet Officier ferait prévenir immédiatement la Gendarmerie pour que le signal ne fût pas donné inutilement.

Pour éviter toute méprise, le porteur de cet ordre serait muni d'un marron timbré (COMMANDANT DU PORT — AVIS).

ARTICLE 9.

Le Brigadier de vigie, aussitôt qu'il aura fait tirer le canon d'alarme, fera prévenir le Préfet, le Major Général et la Majorité.

Brest, le 25 Février 1867.

Le Contre-Amiral, Major Général de la Marine,

Signé : Bon MÉQUET.

Vu et Approuvé :

Le Vice-Amiral, Préfet Maritime,

Signé : A. DUPOUY.

CONSIGNE

POUR LES

FEUX DU VULCAIN ET DE L'URANIE.

1° Vulcain.

ARTICLE PREMIER.

Les feux à allumer à bord du *Vulcain*, pour le service de l'Ecole des Mécaniciens, sont sous la responsabilité du Commandant, représenté par l'Officier de service.

ARTICLE 2.

Le Second Maître de quart remplit les fonctions de Caporal de consigne pour la surveillance des feux. Il prend les ordres de l'Officier de service pour les allumer ; il est seul chargé de cette opération aussi bien que de leur surveillance et de leur extinction, quand il y a lieu.

D'heure en heure, pendant le jour, et de demi-heure en demi-heure en dehors des cloches, il fait une ronde dans tout le navire et rend compte de ses visites au Maître de quart.

Pour les feux permanents de nuit, il garde les clefs des fanaux.

Pour l'extinction des feux aux heures ordonnées, il est accompagné, dans les batteries, par un des lampistes, et dans les cuisines, par un des forgerons.

Il rend compte de l'extinction des feux à l'Officier de service, qui consigne l'heure sur le journal du bord.

5

En prenant le service, le Caporal de consigne doit s'assurer, auprès de celui qui quitte la garde, que les pompes à incendie du bâtiment sont en parfait état et prêtes à fonctionner.

ARTICLE 3.

Si le Commandant jugeait nécessaire de faire allumer des réchauds dans quelques parties du navire pour cause d'humidité, le Caporal de consigne serait chargé, indépendamment des factionnaires désignés à cet effet, de les surveiller d'une manière toute particulière et de faire prendre toutes les mesures nécessaires pour éviter les accidents.

Cette opération ne serait faite que de jour.

ARTICLE 4.

La nuit, les gens de quart fournissent des factionnaires pour les feux permanents allumés dans les différentes parties du navire.

Les rondes de nuit portent une attention particulière aux endroits où des feux auront été allumés pendant le jour.

ARTICLE 5.

Conformément au règlement sur le service intérieur à bord des bâtiments de la flotte *(art. 138)*, il est expressément défendu aux Officiers de conserver de la lumière dans leurs chambres lorsqu'ils n'y sont pas.

ARTICLE 6.

Il sera fait, après dix heures du soir, une ronde d'extinction de feu dans le carré des Officiers, dans le poste des Maîtres, et les cheminées seront l'objet d'un examen particulier.

2° Uranie.

L'atelier flottant l'*Uranie* n'ayant pas à bord , pendant la nuit , le personnel d'Officiers et de Sous-Officiers qui lui serait nécessaire pour assurer l'exécution de la Consigne du *Vulcain* , sera soumis pour tout ce qui concerne les feux au régime des ateliers pendant le jour et à celui des bâtiments en réserve pendant la nuit.

Les prescriptions de la Consigne générale sur l'incendie , concernant l'extinction des feux , lui sont applicables.

Brest , le 13 Mai 1867.

Le Contre-Amiral , Major Général de la Marine ,

Signé : Bon MÉQUET.

Approuvé :

Le Vice-Amiral , Préfet Maritime ,

Signé : A. DUPOUY.

www.ingramcontent.com/pod-product-compliance
Lightning Source LLC
LaVergne TN
LVHW022325170726
843503LV00006B/2710